ANTES DE QUE SE ME OLVIDE

Rocío Gutiérrez Calderón

COLECCIÓN ITES

ANTES DE QUE SE ME OLVIDE

© Rocío Gutiérrez Calderón
© de esta edición: Olé Libros, 2024

ISBN: 978-84-10053-77-9
Depósito legal: V-4199-2024
Impreso en España

KALOSINI, S. L.
Grupo editorial **olélibros**
equipo@olelibros.com
www.olelibros.com

A todos aquellos que han sido un chaleco salvavidas
cuando las olas parecían ahogarme.

A todos aquellos que forman mi esquina en el ring que es la vida.

A la poesía, que me permite curar mis heridas.

TÚ QUIERE

Que me quedo con el «tú quiere» por encima del que te quieran.
A pesar de que no lo hagan. Que tengo tanto que decirte que no sé
por dónde empezar. Que te he querido, pero el miedo me gana.
Que hay cosas que no se pueden decir en alto y tú eres una de ellas.
Que ya no queda nada.
Tú siempre víctima y yo siempre bala.

YO YA NO

Tú no lo sabes, pero te he querido.
Para mí la única forma de querer es dando todo de mí.
Que sin saberlo pensaba que siempre estarías aquí.
Me rompe saber que ya no es así.
Que, sin quererlo, hoy me despido de ti.
Porque yo ya no, aunque tú hoy sí.

N3

Me he dado cuenta de que cuando escribo solo lo hago de ti.
Menos mal que has aparecido, porque si no no sabría qué decir.
Lo quiero todo.
Todo contigo, que no tenga fin.

TODO PASA

Aquí entre estas cuatro paredes, está permitido estar mal.
Pero tranquila, con calma, respira.
Mañana las cartas nos permiten jugar al azar.
Sí, hazme caso.
Tranquila, con calma, respira. Mañana tenemos otra oportunidad.

LO QUE NUNCA HE TENIDO

Quiero que sepas que te quiero.
Que sí, que siempre te he querido.
Es curioso cómo se puede querer algo que nunca has tenido.
Lo imposible lleva tu nombre junto al mío.

FRASE 1

Del amor al odio hay un paso, en tu caso, varios.

CREO EN TI

Llevo días sin escribir, pensaba que estaba mejor, que por fin podía dejar de pensar en ti. Pero como siempre he acabado equivocándome y he vuelto a escribirte.

Sabes, no soy capaz de sacarte de dentro, te has colado en cada uno de los recovecos de mi cuerpo.

Y aunque no quiero seguir diciéndolo, eres la chica más guapa que he visto nunca.

No quiero preguntártelo más, pero... ¿cómo puedes sonreír así?

No sé qué tienes, pero lo tienes.

Me duele todo cuando estás lejos y se me pasa todo cuando estás cerca.

Sabes, tenemos que empezar a poner normas.

Si te alejas, tienes que dejarme evadirme.

Hay lugares de dentro de mí a los que aún no puedes pasar.

Tengo heridas, cicatrices y una mochila cargada de cosas del pasado.

Con cosas quiero decir cosas que me gustaría olvidar contigo.

Cosas, que ojalá se me olviden contigo...

No dejo de decir que no creo en el amor. Pero creo en ti, mi amor.

O APRENDES O LO HARÁN MAL

Estaba intentando ponerle nombre a eso que llamamos amor.
Eso que todos queremos al principio y que anhelamos al final.
Estaba intentando pensar en cuántas veces he creído que no
existía o simplemente que no me iba a pasar.
Sí, el amor.
Eso que te invade y ya no te permite pensar.
Que te quita el aire y no te deja respirar.
Sí, el amor.
Que tanto duele cuando se va.
Estaba intentando ponerle nombre a algo que no se puede calificar.
Estaba intentando pensar en cuántas veces he dicho que no creo
en él cuando me ha ido mal. Con el tiempo he aprendido que es
algo que hay que trabajar.
Que para querer primero tienes que quererte a ti mismo, no
porque no vayan a quererte, sino porque entonces lo harán mal.

¿CÓMO SE CURA?

¿Alguien sabe cómo se cura el desamor?
¿Cómo se cosen las heridas?
Algunos me aconsejan que con saliva.
Algunos me aseguran que el mejor remedio es agua y sal.
Otros, que se curan con el tiempo.
Bueno, hoy creo que el mejor remedio es lo que haces tú con ese tiempo.
Lo que sé seguro es que se curan.
Estate tranquilo, nadie ha muerto de amor. No puedo asegurarte cuándo,
algunos antes y otros después.
Pero de que se pasa, se pasa.

AUNQUE NO SEA CONMIGO

¿Qué pasa con esa decepción que lo inunda todo?
¿A dónde van los sueños que no se cumplen?
¿Dónde se quedan todas las palabras que no se dicen en alto?
¿Qué pasa con todos esos amores que no se viven?
¿Qué sucede con esos que se viven y se acaban marchitando?
Tengo mil preguntas y ninguna respuesta.
O al menos no una que me llene el vacío que dejaste en mis entrañas.
Sabes, a pesar de todas las cosas, eres la única persona que he querido, a
veces te pienso y te extraño, pero sé que mi vida no tiene sentido contigo.
Que hace mucho que tuvimos que tomar diferentes caminos,
que sé que te he querido porque siempre te he deseado lo mejor a pesar
de que no fuera conmigo.

FRASE 2

Me he escondido debajo de la cama porque me da miedo que pueda haber alguien encima de ella.

EXCUSAS

Me he escondido debajo de la cama porque me da miedo que puedas estar encima de ella.

Me aterra quedarme sin inspiración y que las musas decidan no pasarse hoy por aquí. Por eso creo que estoy enamorada de estar enamorada de ti.

Sí, definitivamente, sí, solo eres una excusa para poder escribir.

FRASE 3

Aún recuerdo tu piel, muchas pieles después de la tuya.

Frase 4

Sí, todas las heridas sanan, pero he de admitir que contigo me encantaba levantarme la costra.

Virus

Te juro que hay días en donde no soy capaz de pensar en otra cosa que no seas tú.
Creo que estoy enamorada de estar enamorada de ti.
—A lo mejor simplemente es obsesión—.
Que no sé cómo lo has hecho, pero sin darme cuenta te has colado en mis adentros.
¿Sabes cómo funcionan los virus de la gripe? Bueno, pues me he infectado contigo y creo que ya no hay remedio.
Lo peor de esto es que puede que nunca haya una solución.

Frase 5

Cómo es la vida, que hace que las verdades se conviertan en mentira.

Mi esquina

Algunos tenemos suerte desde que nacemos.
La suerte de que, cuando nací, ya estuvierais conmigo.
La suerte de a muchos de vosotros encontraros y teneros.
La suerte de que te quieran, incluso cuando ni tú lo haces.
La suerte de que te quieran, incluso cuando no lo mereces.
Que sí, que tengo mucha suerte.
Que sí, que tengo una lista entera llena con nombres propios que es
mi mayor tesoro.
Como dice Jero García, todos en el boxeo y en la vida necesitamos
tener una esquina y vosotros sois la mía.

Flores

Pensar en ti es pensar en un patio cordobés lleno de flores.
Aunque ya quisieran las flores parecerse «toítas» a ti.
Contigo mis heridas no se ven, pero se sienten.
Lo jodido de esto es que al destino le ha dado por situarnos
en ciudades distintas.

Frase 6

Las ruinas son un regalo, las ruinas son el camino a la transformación.

Depende de cómo lo enfocas

¿Sabéis esa frase de solo sé que no sé nada? Bueno, pues yo no sé vosotros, pero yo sé muchas cosas.

Sé que la gente no suele ser mala, que más bien son imbéciles.

Porque para ser malo se necesita determinación y pensamiento.

Y los imbéciles no suelen pensar.

En serio, aunque no lo creas, son peor los imbéciles, porque juntas un malo con mil imbéciles y tienes mil un malo.

La gente no es mala por naturaleza, sino por enfermedad.

También sé que hay que aprender por lo que se llora, es decir, muchas veces perdemos tiempo.

He llorado por cosas que a día de hoy ni recuerdo.

Que las ruinas son el primer paso para la transformación.

Que esto lo he aprendido en *Come, reza, ama*. (Deberíais verla).

De mí podría deciros que no me gusta la canela.

Que soy de blancos o de negros, porque no comprendo la facilidad para quedarse en los grises. (Ya sabéis, lo de estos son mis valores, y si no te gustan, tengo otros.)

Que me ha tocado aprender que la sensación más parecida a la felicidad es la calma y la tranquilidad. Que si aguantas, la tormenta amaina y sí sale el sol. A veces basta con respirar.

Que aun con todos los palos del mundo, de diferentes tamaños, la vida merece ser vivida. Porque no es por nada, pero el mundo es maravilloso, solo depende de cómo lo enfocas.

TÚ Y YO

Podría decirte que contigo los domingos son menos domingos.
Que todavía no sabes de buenas noches porque no duermes conmigo.
Me habría encantado que simplemente fuéramos por un rato.
Tú conmigo, y yo.
Contigo.

EL BARCO

Mi amor, tengo decido saltar del barco,
—créeme, no es por cobardía—.
Necesito encontrarme en otras pieles que no sean la tuya.
—Voy a darme una oportunidad—.
Si decidiera quedarme, nunca más volvería a ser yo.
Te lo prometo, amor, es a vida o muerte.
Se me hace necesario salir corriendo en dirección contraria,
para salvar lo poco que queda de mí.
Me elijo a mí antes que a ti.

Hablar de ti

Me da miedo contarles cosas sobre ti, porque si explico cada una de tus virtudes, cualquiera podría enamorarse.
Te lo prometo, me da pánico.
Imagina que empiezan a verte con mis mismos ojos.
Me moriría de celos y no puedo permitírmelo.
Imagina que les cuento que nunca vi una sonrisa como la tuya.
Que eres capaz de lo incapaz.
Que para ti, lo imposible solo tarda un poco más.
Que tienes una locura preciosa.
Mi vida, no voy a escribir más.
Me da miedo contarles sobre ti, me da miedo decir algo más.

Frase 7

Me has enseñado cosas de las que nunca serás consciente.

Aunque ya no

No quería hablarte de mis sueños, sino cumplirlos contigo.
Me duele no tenerte desde que no te tengo.
Te hablo, aunque ya no me escuches.
Te miro, aunque ya no te vea.
—Mi amor, nos prometimos que era para siempre—.
Hazme caso, te quiero, aunque ya no te quiera.

Señales

El mundo me pide a gritos que te diga que desde que has aparecido
todo duele un poco menos.
Contigo diferencio colores.
Me pide que te señale mis heridas y te cuente que sanan con saliva.
Desde que te vi, sé que existen las señales.
—Por favor, pégate a mí. No te separes—.
Te dejo arrimarte tanto como quieras, te dejo dejarme cardenales.
Creo en ti, amor, creo en las señales.
Ven, muérdeme.
Ven, pégate.
Ven, déjame cardenales.

La nada

Hoy me he dado cuenta; al mirarte,
aun queriendo comprenderte, me siento lejos de ti, de tus palabras,
de tu mirada.
No te deseo el mal, yo solamente deseaba que el sufrimiento acabara.
Lo que no sabía es que lo que queda después es mucho peor.
NADA.

No lo van a entender

Ellos no lo van a entender, aunque se lo explique.
No lo entenderán.
Cómo podría hacerles ver que contigo el tiempo se para.
Porque sin saberlo, lo tienes.
Tienes magia, todo se mueve a tu ritmo, a tu compás.
El mundo se para y sigue girando cuando tú lo deseas. Y eso no lo
pueden llegar a comprender —ni siquiera tú eres capaz—.
¿Cómo voy a explicar que me enseñas cosas que no sé, que contigo
aprendo y te admiro por igual?
Cómo voy a ser capaz de explicarte que me gustabas mucho antes
de que me diera cuenta de que hay cosas que no te admitiré jamás.
La realidad es que te has colado tan dentro de mí que no era capaz
de diferenciar.

GEMIDO

No imaginas las putas ganas que tengo de perderme entre tus piernas.
No te haces a la idea de las veces que sueño con tenerte cerca, con besarte,
tocarte y dejarte huella.
—Déjame llegar a lo más profundo de tu ser—.
Por favor, déjame darte, mi amor.
Por favor, dame tú, el tuyo.
Y dejemos que pase, que lleguemos a la vez.
El mundo se acaba, mi mundo se acaba.
Con un gemido.

LA VIDA QUE NO TUVIMOS

Hoy les escribo a todas las cosas que pudieron ser y ya no serán.
A la casa donde viviríamos.
Al coche que compraríamos y que no tenemos.
Le escribo a los hijos que nunca nacerán.
Que todo eso no pasó, porque no tenía que pasar.
A veces la vida te lleva por otro camino, por otro lugar, confía, no perdiste.
Te ha tocado ganar.
Hace mucho que les escribo a todas las cosas que sí que son y que serán.
No tengo nada más para ti, esta vez no hay después, simplemente
ya no existes en mi piel.

LA VENDA

A veces cuando te quitan la venda a golpes y no sabes qué
hacer con tanta decepción, basta con respirar, porque cuando
menos lo esperes, un día de pronto descubres que sale el sol.
Que los días grises pueden tener color.
Tranquilo, que te vas a dar cuenta de que pasa el tiempo,
las heridas curan, se queda la cicatriz y se marcha el dolor.
Solo quería decirte que a veces se pasa, a veces se entiende
y otras muchas, no.
Que no es el tiempo lo que te cura, sino lo que haces con él.
No pierdas los días justificando y buscando porqués.
Hazme caso, simplemente lo que fue, fue.
Deja volar, créeme, ya se ha ido, despídete.

A LA VUELTA DE LA ESQUINA

No caigamos en lo fácil, en el no es que todos y todas son iguales.
—No lo justifiques, te has encontrado un gilipollas, nada más—.
No pasa nada.
Somos billones de personas si lo piensas, seguro que alguien habrá.
Con suerte a la vuelta de la esquina,
con suerte un día en el mercado o comprando el pan.
No te desesperes, va a llegar.
Además, si no llega, ¿qué es lo peor que puede pasar?
Que te empieces a querer a ti misma tanto o más que antes.
Que te cuides, te entiendas, te comprendas, mejor que nadie.
Que ya no llenes huecos y vacíos, con personas insignificantes.
No le veo fallas a mi lógica, no le veo fallas a quererte a ti mismo
más que a nadie.

QUIZÁS

Contigo he aprendido de lo prohibido, del quizás después.
¿Pero sabes qué pasa?
Que eso no va conmigo.
Te quiero, ya.
Te quiero, aquí.
Te quiero, conmigo.
Porque yo y el mundo lo pedimos a gritos.

TODA LA VIDA

Veamos el desamor como una enfermedad de la cual me he curado en parte gracias a ti. Lo único malo es que me has generado otras heridas, aunque creo que estas son menos profundas y seré capaz de sobrevivir. Supongo que en mi cabeza han pasado cosas que no pasaron de verdad.

Supongo que yo te pienso de más, que solo yo lo he vivido y para ti existe otra realidad. —Ya conoces esa tendencia mía de que dentro de mí todo vaya tan rápido que por fuera puede que no suceda, algunos lo llaman intensidad—.

Esto es todo lo que me habría gustado decirte si tuviera el valor, si fuera capaz.

Que eres la chica más guapa del lugar —da igual en qué lugar estemos—.

Apareciste y en mí solo había desierto.

Podríamos decir que me regaste y me han crecido flores dentro.

Me habría gustado que fuéramos por un momento, que sintieras por mí lo que yo siento. Que por un segundo te vieras con mis ojos y pudieras comprender, que me haces entender

—a mí, la persona más cabezona del planeta tierra—cosas que no entiendo,

que me pones en lugares donde no pensaba estar,situaciones que no me replanteo.

Lo que escribo es para ti, no para nadie más.

Porque a ti podría escribirte hasta la extenuación,

para poder hacerte entender que desde que estás me duelen otras cosas.

Cosas que contigo podría dejar que me dolieran toda la vida si me lo pidieras.

DESPEINADA

He llegado a la conclusión de que todas las cosas buenas acaban despeinándote.
Bailar con las personas que te hacen feliz hasta altas horas de la madrugada.
Ir hacia el mar y darte esa clase de baño que curaría cualquier herida con sal.
Salir corriendo de ese lugar, en el cual ya no quieres estar.
Que nos encontremos y dejemos que pase.
—Decirle al destino que tú y yo elegimos llegar a la vez—.
Todo lo bueno despeina.
Así que, si me ves despeinada, probablemente solo esté siendo feliz.

FRASE 7

Te echo de menos y no hay en el mundo veneno igual.

FRASE 8

Te he olvidado, amor, pero no te preocupes, la poesía no lo hará jamás.

FE CIEGA

Te diría que no creo en el amor, pero estaría mintiendo.
Estoy segura de que podría decirlo si no te hubiera conocido.
Pero creo en él con fe ciega. —Como el que cree en Dios—.
A pesar de todo, a pesar de ti y a pesar de mí.
Que jodida locura es tocar el cielo y el infierno a la vez.
Lo único malo es que a veces a la locura hay que ponerle cura.

¿SUEÑO O PESADILLA?

Llegas y arrasas con todo.
Podría describirte como si de una catástrofe se tratase.
Te miro, y sí, decides meterte dentro.
Y es en ese preciso momento, cuando me doy cuenta de que posees el control.
Solo te pido una cosa, hay zonas muy deterioradas allí,
ten cuidado, podrías hacerte daño.
O peor aún, podrías hacérmelo a mí.
Y acaba pasando, me enamoró.
Aunque siga siendo nada.
Porque sí, porque tú lo eres todo.
Mi pregunta es, ¿eres una pesadilla? ¿O un sueño?

CARTAS

He decidido dejarles una carta a mis fantasmas,
para cuando decidan hablarme de ti.
Tienen la puta manía de decir que te echamos de menos.

FRASE 9

A veces sueño con que sueñas conmigo.
Y entonces desaparecen todas mis pesadillas.

RASTROS

Hay días que tengo mi cuerpo lleno de rastros de ayer,
esos en donde dueles en todas partes.
Que jodido es cuando esperas que te salve la misma persona
que te está matando.

ASFIXIA

Hoy daría todo por volver un segundo atrás.
—Sé que todo lo bueno me espera adelante—.
Pero te prometo que se me han quedado demasiadas cosas que decirte y me estoy ahogando.

LA MIRADA

Yo te miro cuando tú no lo haces.
Me he aprendido cada gesto cuando te enfadas, cuando estás triste o cuando ríes a carcajadas.
—A ti que podría decirte que tienes la sonrisa más bonita que he visto nunca—.
Ojalá que me mires cuando yo no te miro y pienses que tengo la sonrisa más bonita que has visto nunca.

Niña

Te acercas y entonces solo soy una niña atemorizada.
Los miedos deberían curarse como cuando eres pequeño y
te haces una herida, con amor y besos.
No te voy a engañar, me dan miedo muchas cosas,
entre ellas, tú.
¿Vienes a que se me pase?

Frase 10

Me da miedo porque yo te miro cuando tú no lo haces.

Frase 11

Cuanto más lejos estás, más cerca de mí misma me encuentro.

Fuego y agua

Tú tan fuego.
Y yo tan agua.
Que cuando quisiste quemarme con él,
olvidaste que el agua siempre lo apaga.
Pero fue bonito pensar que por un segundo el mar ardía.

POLVO(S)

A ti, que las únicas heridas que quiero dejarte son las que dejan mis uñas en tu espalda.
A ti, que las únicas heridas que quiero dejarte son las que dejan mis dientes en tu cuello.
A ti, porque contigo no me importaría que nos convirtiéramos en polvo(s).

MALETA

Y entonces pasa...
Pasa que sabes que ahí no es,
que solo queda alejarte y decir adiós.
Muchas gracias por todo lo que he aprendido,
ahora toca empezar de nuevo y no es contigo.

Señal prohibida

No hay nada,
nada a lo que agarrarse.
Ha llegado y ha arrasado con todo lo que creía.
Lo sé, no es ella, es una señal prohibida.
Está en mi cabeza, ahora es dueña de mi vida.
Da igual lo que haga, nada puede salvarme.

Virus

Como si de un virus mortal se tratase,
se ha colado en mis adentros y ya no diferencio lo que es suyo
y lo que es mío.

Sucumbir

Cómo dos animales,
lo único que quería hacer contigo es tentar al deseo,
o más bien tentar al desamor.
Nadie pone en duda la fuerza de la naturaleza,
todos sabemos que la lluvia no se puede parar y yo hace
mucho que lo único que puedo hacer es sucumbir ante ti.

Mi color favorito

El rojo es mi color favorito desde que lo llevan tus labios.
Te prometo que me encantaría decirte que creía que ella era lo
más bonito que había visto jamás, hasta que apareciste tú para
cambiar toda mi realidad.

Camas ajenas

Mi amor, no te preocupes, estoy a una caricia suya de poder olvidarte. De ti solo espero que escribas mi nombre en todas las camas que te metas y no sean nunca más la mía.

Frase 12

Cuando todo parece ir bien lo oscuro me pide una oportunidad.

Nuestro mundo

Quería bailar contigo, pero tú ya bailabas con otros.
Y cuando te vi por un segundo, mi mundo se acabó.
—Nuestro mundo se acabó—.

Libre

Me gustas libre, te lo prometo.
Me gustan tus alas y no querría que dejaras de volar nunca.
Me gustan tus flores y no me permitiría cortarlas.

Frase 13

Quizá en algún momento encontremos la manera de querernos.
Mientras tanto, cuídate, quiérete y no dejes nunca de hacerlo.

Las cuerdas atan

Contigo tengo la extraña sensación de que la vida me habla,
que el destino lo pide,
que tiene que pasar.
—Aunque no esté bien, aunque sepa que está mal—.
¿Sabes la historia del hilo rojo? Bueno, pues contigo más que un
hilo es una cuerda.
El primer problema está en que las cuerdas atan y yo llevo
mucho tiempo que lo único que quiero ser es libre.
El segundo problema está en que creo que me estás echando
la cuerda al cuello y me estoy asfixiando.

FRASE 14

Jugábamos a las cartas sabiendo que tú ya tenías un as bajo la manga.

MANZANA Y PECADO

¿No lo ves?
Oh, Dios mío, es la primera vez que lo digo en alto.
—¿Qué? ¿Qué estás diciendo?—.
No puedo evitar lo que siento.
¿No lo ves?
—¿Qué? ¿Qué estás diciendo?—.
Jugamos a las cartas sabiendo que tú ya tienes un as bajo la manga.
Oh, Dios mío, hace mucho que he perdido.
No existen frutas prohibidas, solo bocas que se cierran.
—¿Qué? ¿Qué estás diciendo?—.
Que no hay paraíso sin serpiente.

FRASE 15

Finjamos que el azar tiene algo que ver, cuando la partida hace mucho que está resuelta.

INVIERNO

Me aprieta el frío y las ganas de matarte de calor.
Pero tengo la extraña sensación de que, si te toco, me hundo.

FRASE 16

Si tú quisieras, podría vivir en una de tus cicatrices el resto de mi vida.

POR PROTOCOLO

De tanto intentar, quedó en el intento.
Lo que pudo ser y no será.
Pasando de la intimidad al protocolo.
Sabiendo que todo es eterno hasta que dura.

A LOS OJOS

Quítate la venda.
Anda y coge vuelo.
No les eches cuentas.
Cósete los rotos.
Quítate la venda y mírame a los ojos.

POETA

Tú tan bala y yo tan poeta.
Que sigo creyendo que te llevaba esperando toda la vida.
No nos engañemos, no puedes hacerle daño a mi cuerpo,
hace mucho que yace muerto.

FRASE 17

No sé cómo lo haces, pero vales la risa y me curas las penas.

GUERRERA

Lo fácil de ser buena persona cuando todo va bien, lo complejo de seguir siéndolo cuando estás en la lona.
Querer ser princesa y que te toque ser guerrera, para protegerte de ti y de los de fuera.
Entender que hay gente que mira, pero es incapaz de ver nada.
Lo que ellos no entienden es que tú brillas hasta apagada.

FRASE 18

Tengo miedo de saber quién eres tú.

SIMPLEMENTE ES ELLA

Ella, en partes, y aun así, siempre lo intenta.
Ella, que es sabia cuando aconseja y no sabe qué hacer con su propia tristeza.
Ella, que se arrima a los que abren sus alas y se aleja de los que solo saben poner rejas. Ella, que sabe que, para poder volar, primero hay que aprender a saltar.
Ella, a la que si necesitaras, iría contigo a la guerra.
Ella, la niña dulce, la persona más fiera.
Ella, la que duda muchas veces, pero siempre acaba encontrando certezas.
Ella, que no espera nada de ti porque sabe que su mejor compañía es ella.

Fue ahí

Y fue en ese preciso momento, cuando no dijiste nada.
Ese, donde el silencio habló por ti.
Ese, donde se me rompió el alma.
Y fue en ese preciso momento, cuando entendí que debéis de tener
la misma importancia que cualquiera.

Irte

Lo complicado de la distancia es saber el punto exacto en el que
debería colocarme.
En el caso del miedo, es permitirme quererte, aunque sea un segundo.
Entender que por momentos me quitas las penas y vales las risas.
—Pero no es suficiente—.
Cuando me tiraste al suelo por primera vez, debí caer con dignidad
y orgullo, solo significó que no llevo armadura o más bien que no
salgo de casa con ella puesta. Cuando lo hiciste por segunda vez,
debí de asegurarme de tomar las precauciones necesarias para que
no hubiera una tercera.
Lo complicado de la distancia es aprender que, si caes una tercera
por la misma persona, es culpa tuya no devolver el golpe.
—Aunque el golpe simplemente sea irte—.

Dirección contraria

Esa necesidad de salir corriendo en dirección contraria.
No es por ti, amor, es por mí.
Necesito darme una oportunidad.
Pudimos ser y pasó el momento.

Condena

Hay gente que no es lo suficientemente valiente.
Aquellos, que prefieren que las cosas mueran.
Aquellos, que prefieren perder tu mirada a confesar algo más.
Aquellos, que prefieren perderte a pedirte perdón.
Aquellos, que prefieren perder la sonrisa por el qué dirán.
No sufras, no te frustres por ellos, simplemente siente pena.
No tienen más. No saben hacerlo, no te lo pueden dar.
Márchate, tu indiferencia será su mayor condena.

HUIR

Qué difícil es escuchar la música entre tanto ruido.
La verdad es que cuanto más tiempo pasaba, menos tiempo
quedaba para poder escapar.

MI LEGADO

Escribir como forma de permanencia, como forma de encontrar
claridad.
Escribir para poder escuchar entre tanto ruido.
Escribir porque las palabras son capaces de contar la realidad.
Las palabras hacen que algo tome significado y, si se escuchan,
enuncian la verdad.
Las palabras son nuestra fuente inagotable de magia.
Capaces de infligir dolor y de remediarlo.
Cada verso es una ventana hacia las verdades más profundas
que guarda en su interior el ser humano.
Escribir para dejar un legado, para que nos puedan recordar.

A UN BESO

Miéntete.
El final nos lo conocemos muy bien.
Estamos a un beso de que me quieras como te quiero yo.

TODA LA VIDA

No me basta con el roce de tu piel.
Con la locura que provoca la comisura de tus labios.
Porque no se puede explicar lo inexplicable.
Porque no podría describir lo que me hacen sentir tus manos.
Si decides quedarte esta noche, podemos decidir si todo esto es solo un momento de locura transitoria o podríamos querernos durante toda la vida.

Antología poética

Creo que no sabría describir bien lo que siento al mirarte, lo más parecido sería explicarte lo que es el síndrome de Stendhal.
—Y aun así te costaría comprenderlo—.
Intentaré hacer de ti una antología poética.
—Aunque a nadie le importe, aunque nadie la lea—.
Debería de estudiarse en los colegios esta forma mía de quererte.

No conocerán

Me lloras, pero siempre a carcajadas.
Quería deshacer el nudo y solo tenía que cortar el hilo.
Ya nadie conocerá nuestra historia.
La poeta de mil penas, tú, mi condena.

ENREDOS

No tengo miedo, amor, solo heridas.
Me pregunto cómo han sobrevivido mis manos hasta que han
conseguido llegar a ti. Que pase...
Que pase y que mi vida se enrede con la tuya y que no sepamos
qué es de quién.

VESTIGIOS

Vestigios de tu cuerpo en mi paladar.
Escribirte para que el dolor se haga pequeño.
Para no echarte cuentas más.
Que se marche el rencor.
Que la distancia dé igual.
Vestigios de mi cuerpo en tu paladar.
Para no volvernos a amar.
Me da miedo cuando la incertidumbre se junta con lo peligroso.
Las noches se ponen exigentes.
Y mi ángel de la guarda no está franco.
Me da miedo no encontrar certezas entre el mar de dudas.
Me da miedo no poderte olvidar.
Recordando vestigios de tu cuerpo en mi paladar.

ME MARCHO

No te castigo, mi amor, solo me marcho.

Me marcho porque no tienes la valentía suficiente.

Me marcho porque callas lo que deberías decirme a gritos.

Me marcho porque prefieres protegerte, porque prefieres no mirar más allá, no mirar lo que no entiendes.

Me marcho para encontrarme, porque me he perdido cuando te buscaba incesantemente. Me marcho, porque hace mucho tiempo aprendí que yo soy lo más importante.

Pero no pasa nada, tú intenta encontrarme en otros ojos verdes. Sabiendo que en mi boca está el beso que buscabas.

No te lo digo yo, porque ya lo dijo Benedetti. «Me he dado cuenta de que no puedes darme lo que necesito y sería violento para ti pedirte que cumplas con mis exigencias, pero también sería violento para mí permanecer en un lugar en el que no recibo lo que necesito».

Por eso, mi amor, solo me marcho.

EL PASO DEL TIEMPO

Que el paso del tiempo nos encuentre y tengamos la suerte de estar siempre cerca. Porque los años saben lo que desconocen los días.

FRASE 19

Lo complejo de hacer la maleta es comprender que lo imprescindible en ocasiones pesa demasiado.

PECADO ORIGINAL

Surgen las dudas mitad demonio, mitad ángel.
Las batallas son duras.
Mis dos mitades.
No hay líneas entre el bien y el mal. ¿Quién dice la verdad?
No hay paraíso sin pecado.
No hay bien, sin mal.
Que sueñes con los ángeles.
Que visualices la maldad.
Mis dos mitades, peleando incesantemente por encontrarte.
Tú, mi pecado original.

(...)
Con fantasmas en la mente.
Con miedo a creer en la gente.
He cerrado la puerta que no te atreviste a abrir y te he dejado fuera.
Porque contigo nada puede salvarme, no hay nada a lo que agarrarme.
Contigo solo me quedo yo.

MUCHACHA

Ella, la muchacha con mirada triste.
La que un día me dijo que hay cosas que no se pueden decir en alto.
Ella, la muchacha que de tantas lágrimas le han crecido dentro flores.
La que un día me dijo que lo primero es ella y, si queda algo, se comparte
con el resto. Ella, la muchacha que ha recibido demasiados golpes.
La que un día ya no me dijo nada y simplemente se marchó.

ENTRAR

Sin ti, solo quedaba empeñar la poesía.
Me sobraba la mitad de todas las cosas.
Me sobraba la mitad de la cama, la mitad del sofá, incluso el café de
por la mañana.
Sin ti me faltaban las caricias, me faltaban las miradas, e incluso los
besos de madrugada.
Sin ti aprendí a resguardarme porque el invierno llegaba.
—Y no tenía quien me abrigara—.
Aprendí que incluso esquivando balas es importante tener una sonrisa
en la recámara. Aprendí que no te perdí, que tú dejaste que me marchara.
Aprendí que a veces toca irse, aunque lo que quieras sea entrar.

GUION INVISIBLE

Como si de un guion invisible se tratase, la vida te va enseñando todo aquello que debes aprender.
Me ha enseñado a querer lo que tengo y lo que nunca tendré.
Has aparecido en el momento indicado y sin saber muy bien cómo, de repente, he vuelto a creer.
Lo raro habría sido que no perdiera la puta razón por ti.
Lo raro habría sido que hubieras pasado por mi vida sin dejar tus huellas en mí.
Que mi vida era una y ahora es otra después de ti.
Como si de un guion invisible se tratase la vida, me ha enseñado que a veces tengo que dejarme doler.

FRASE 20

Ojalá pienses en mí, tanto como yo pienso en ti.

PIEL

Arráncame la piel,
rompe conmigo la barrera del sonido.
Cansemos a la noche y brindemos al amanecer.
Porque contigo quiero quedarme en el hueco que hay entre tu hombro y tu cuello. Porque quiero reconocerte en todos los ojos que no sean los tuyos.
Déjame arrancarte la piel con la única intención de curarte todas las heridas después.

FRASE 21

A veces sueño con un encuentro.
—No quiero despertar porque sé que ahí es el único lugar donde te tengo—.

LA ESPERA

Hablé con la luna para que volvieras.
Hablé con el viento para que trajera tu aroma y me impregnara.
Hablé con el destino para que nos juntara.
Hablé conmigo misma y me confesé vulnerable a tu mirada.
Hablé con la vida y me confesó que, aunque insistiera, tú no eras.
Y a pesar de todo, debo confesarte que te espero por si se te ocurre algún día tener valor y decirme te quiero.

Frase 22

He sido feliz en cualquier sitio que me recordara a ti. Porque contigo me sentía en casa.

Avanza

Pobre de mí, que donde pensé que había silencio, solo encontré ruido.
Fue que no me sale y tú no te atreves.
Que no podía, pero quería hacerlo.
Siendo feliz en cualquier sitio que me recordara a ti, porque contigo daba igual el lugar, todos eran casa.
Ya no hay sed de ganar la revancha.
Porque quien odia muere y quien perdona avanza.

Lágrimas

Entonces pasa, en ese preciso momento, cuando te busco y no te encuentro.
Allí, donde no sabía que estaba, donde no sabía que podría llegar a estar.
En ese lugar, donde la ausencia de tu voz me ahoga.
En ese lugar, donde las noches son largas y solo me acompaña la soledad.
Sabes, me dueles en todas partes desde que no estás.
Hay zonas de mi cuerpo muy deterioradas a causa de las heridas que me ha
provocado el que no me quieras, el que hayas decidido no elegirme más.
Hoy te lloro, sabiendo que las lágrimas son ese líquido que sale de los ojos
cuando no sabemos cómo expresar lo que nos generan algunas despedidas.
Hoy te lloro, sabiendo que quizás no te vea nunca más.
Hoy te lloro, intentando escurrir todo el dolor que no me cabe dentro.
Hoy te lloro, pensando ¿por qué otra vez me tiene que pasar a mí?
Hoy te lloro, sabiendo que todo tiene fin.

TUS MIEDOS Y MIS GANAS

Tú, que tienes el abrazo inevitable.

Tienes que saber que en la noche los demonios bailan, ellos se recrean en mi cabeza. Ya no sé lo que está bien ni lo que está mal.

No dejo de pensar que deberíamos unir tus miedos y mis ganas.

Tú, que no tienes valor para saltar.

Tienes que saber que por ti me da igual caer al vacío, aun sabiendo que ahí no hay nada. Tienes que saber que haría cualquier cosa por tu mirada.

Dos desconocidos

Las cosas se acaban incluso antes de que sepas que han llegado a su final.
Sabes que has quemado una etapa, pero te quedas parada, porque tienes
miedo, porque estás acobardada.
Ese día, cuando te levantas y tienes un desconocido a tu lado en la cama.
Cuando estás tomando un café, le miras y ya no te sientes afortunada.
Ese día, cuando te descubres a ti misma en el espejo totalmente cambiada.
Han pasado los años y estás agotada.
Pasan los días y solo estás calmada cuando él se marcha.
Sin su presencia y sin las dudas que cuando está no te dejan de atormentar.
Que lo que antes era casa, lo que antes era hogar, hoy ya no lo es más.

El tren

Me duele la herida y seguramente me quede cicatriz, pero mejor eso que seguir viviendo con incertidumbre.

A veces es complejo hacer la maleta porque pesa demasiado, solo lo imprescindible. Duele irse, cuando te quieres quedar. Duele irse, cuando lo que querías era entrar.

Pero ¿hasta cuándo vas a esperar? No te mientas, a todos nos han enseñado mal.

No quiere más que el que se queda y llora, que el que se va e intenta buscar la felicidad. No es bueno andar por andar, en algún momento te cansas y decides que tienes que parar.

Eres fuerte por elegirte a ti, por anteponerte a los demás.

Nadie dirá que no lo has intentado, porque siempre das de más.

Solo dile que en el tren que se perdió no se está nada mal.

MENTIRAS

Te fijas en otros ojos verdes por si te recuerdan a mí.
Le das los besos que me quieres dar.
Duermes en su pecho con la esperanza de poderme olvidar.
Eres capaz de cualquier cosa para poder justificar que algunos
nacemos valientes y a otros les cuesta saltar.
Te engañas y te mientes, pero sabes la verdad.
Si estás con él y piensas en mí, eres más mía que suya.
Si estás con él y piensas en mí, eras más mía que tuya.

SI ME QUEDO LEJOS

Desde lejos puedo ver cómo baila la verdad.
Desde lejos puedo ver lo absurdo de seguir siendo amor pasajero
de un tren que no va a ningún lugar.
Desde lejos puedo ver que hay barcos que se hunden en el mar.
Desde lejos puedo ver que estando cerca en ocasiones es
complejo diferenciar, la imagen que tienes de una persona se
distorsiona y te cuesta pensar.
Desde lejos puedo ver que lo difícil es encontrar la distancia
correcta a la que estar.
—Lejos me dueles, pero cerca, más—.
Desde lejos puedo ver que irremediablemente cuando te marchaste
sentí un dolor que no podría explicar, el paso del tiempo me
enseñó que fue lo mejor que pudo pasar.
Desde lejos y con distancia puedo ver que las heridas sanan,
los males cicatrizan y lo que antes dolía hoy no duele más.

¡PELIGRO!

Soy adicta a cada recoveco de tu piel.
Podría perderme en la distancia que hay entre tu clavícula
y la comisura de tu boca.
Si te quedas esta noche y decides apostarlo todo a una única
carta, estaría dispuesta a subir la apuesta.
Estaría dispuesta a abrirte las puertas de mi vida por si se te
ocurre acomodarte en ella. En la entrada encontrarás un cartel
donde pone PELIGRO,
no te asustes, es solo una advertencia.
—Tranquila, es solo para alejar indeseables—.
No te lo he dicho, pero hago el mejor café del mundo,
lo que te quiero decir con esto es
que preferiría no dormir sola.
Me gustan tu beso y tu abrazo,
y ya no quiero vivir sin tenerte cerca.

Las cosas que no son y no serán

Eres lo bonito de todas aquellas cosas que no son y no serán.
Lo sutil del roce de tu piel junto a la mía.
Mis manos que encuentran tus caderas,
como aquel que encuentra lo que lleva buscando toda la vida.
Lo delicado de un beso en la frente.
Mi boca esperando todos aquellos besos que no nos atrevimos
a darnos.
Lo cruel de tus abrazos.
Mi cuerpo esperando inmóvil que no me quieras soltar.
Lo inhumano de colarte tan adentro y no quererte quedar.
Tú...
Lo bonito de todas aquellas cosas que no son y no serán.

Frase 23

Te tengo en bucle como quien pone su canción favorita y no
puede dejar de escucharla.

VEN

Por favor, apaga todo este ruido.
Ven y conviértete en mi silencio.
¡Corre! Háblame de amor, antes de que mire hacia otro lugar.
¡Hazlo ya! Soy de las que tiene difícil el respirar, antes de que
lo haga mal.
Estoy aquí, no tardes, no me hagas esperar.

PASÓ...

Y pasó, pasó el tiempo.
Porque todo fue, porque no me salía, porque tú no te atrevías.
Lo apostamos todo y esperamos a echar cuentas.
Porque tú pensaste en lo que te debía y yo pensé en lo que tú
me debías.
Y así, así fue, lo dejamos morir entre cuatro paredes.
Se marchitó todo ese amor que me tenías.
Se marchitó todo ese amor que te tenía.
Y pasó, simplemente pasó

Barrera del sonido

Tienes que saber que te quería, que te quería lamer todas las heridas.
Desvestirte de todo aquel dolor que te viste.
Que me enamoré de ti. ¿Cómo no iba a hacerlo después de que
aparecieras en todos mis sueños?
Que te he soñado en pasado, en futuro y en mi cama.
Que te he besado en el cuello, en la boca y en la espalda.
Que soy adicta a tu piel, a tus manos y a tu mirada.
Yo contigo y tú conmigo, rompiendo la barrera del sonido.

La historia de mi vida

Lo bueno de querer con el corazón roto es que lo podía hacer con todos los pedazos.

Lo malo es que has acabado rompiéndome el alma y no sé qué hacer con este desastre. Te quería salvar de todas las cosas malas que están a tu lado, desvestirte de todo el sufrimiento que te reviste.

Haber guardado ese dolor en lo más profundo para que nunca más se hubiera presentado en forma de monstruo.

Porque tu dolor se convirtió en el mío y nunca he tenido saliva suficiente para poder curarte.

Que cuando he querido darme cuenta, estabas huyendo de mis brazos.

Que ahora los monstruos me persiguen a mí, me visitan de noche y me cuesta dormir. Ahora hay huecos en cada uno de los sitios donde ya no estás.

Hay vacío, hay soledad. Te echo tanto de menos que ni siquiera lo puedo expresar.

Echo de menos a quien creía que eras, pero esa no eres tú, esa no es la realidad.

Que me persiguen los monstruos desde que has decidido no quererme, desde que has decidido no buscarme más.

La historia de mi vida, al intentar salvarte me he hundido y no sé salir de este lugar.

Lo que les digo a todos

He intentado correr de los fantasmas que me persiguen y dicen que te echamos de menos.
—Qué van a saber ellos...—.
Me he escondido debajo de la cama porque me daban menos miedo los monstruos que el que tú estuvieras encima de ella.
He buscado refugio porque llegaba el invierno y no encontraba calor.
—Porque no lo encuentro desde que no te tengo, pero no voy a admitírtelo—.
Amor, te he superado o eso creo.
—Al menos es lo que les digo a todos—.

Dosis de dolor

Tu cuerpo y el mío ya no laten en sincronía.
Aunque lo intentemos, ya nunca llegamos a tiempo.
Porque donde antes hacía calor, ahora simplemente hace frío.
—Para que lo puedas entender, frío tirando a glaciar—.
Nuestro gran error es querer por inercia, la inercia que tiene que ver con la física, cuando sabemos que a ti y a mí se nos ha desgastado la química.
Lo que nadie te dice es que con el querer no basta, que para querer hace falta mucho más.
Contigo siempre he tenido que calcular la dosis de dolor que soy capaz de soportar, y supongo que eso no tiene mucho que ver con amar.

VALIENTES

Lo complejo de entender que algunos nacen valientes y otros,
simplemente, no.
Que cuando la vida no rima, lo que hace falta es valor.
Honor para los valientes, para aquellos que se atreven.
Para los que saben que no hay quereres a destiempo, sino que
faltan ganas de querer. Honor para los que no se dejan llevar por
las corrientes, esos que luchan contra el mar. Honor para los que
se van incluso cuando se quieren quedar.
—Es tú o yo y tengo decidido salvarme—.
Para los que encuentran certezas donde solo hay incertidumbres.
Lo complejo de entender los quereres del alma,
los que con palabras no se pueden explicar.

(...)
Huyó de algo que ni siquiera me persigue.
Siempre en estado de espera.
¡Deja de correr!
¡No viene detrás!

La devoción de un suicida

Te beso con la devoción de un suicida.
Te muerdo la boca y te arranco la piel porque arrancarte la ropa nunca es suficiente. Desde que tu lengua me toca hay veneno en mi garganta, si me diagnosticaran una enfermedad, sería terminal.
—Va a morir porque está profundamente enamorada y eso siempre acaba mal—.
Porque contigo lo contrario al amor no es el odio,
contigo lo contrario al amor sería no hacerlo.

Lo eterno de lo fugaz

Eres la luz que le das a mis sombras,
Aquello que se siente, no se ve, pero nunca se da.
Eres ese silencio a gritos.
Lo bonito de las cosas que no son y no serán.
Esa intimidad que acaba pasando a ser protocolo.
Mi amor eterno, que acabó siendo fugaz.

CENICIENTA

Te estaba esperando,
llevaba tanto tiempo haciéndolo que todos los relojes parecían haberse
parado a la misma hora y tú decidías no abrir mi puerta.
Aún puedo recordar cuando me dijiste que me preparase para cuando
pasara.
—Tranquila, en algún momento te va a llegar, solo debes de estar
preparada—.
Tenía que estar todo en su sitio, yo tenía que estar reconstruida.
—Tienes que ser una persona para «entrar a vivir»—,
y entonces decidí convertirme en todo aquello que querías, en todas
aquellas cosas que me pedías o simplemente sugerías.
Y lo hice, ahí estaba yo, reconstruida.
A la espera del príncipe azul o de una princesa, a la espera de esos
héroes que te vienen a salvar de los monstruos, que te vienen a salvar
de todas aquellas cosas malas, de todas aquellas cosas que si las dejas te
descuartizan y de un bocado se comen tu alma.
Y sí, allí estaba,
siendo valiente después de tanto tiempo y haciendo frente a mis monstruos.
—Eh, ya no me dais miedo, vais a tener que esconderos debajo de la
cama porque encima vivo yo y dentro de poco va a estar ella—.
Exacto, ahí estaba, esperando a mi princesa,
como en los cuentos, como en las historias que llevaba leyendo desde
pequeña.
Y volvió a pasar una vez más, mis cuentos tornaron en pesadillas.
Caperucita no llegaba y la realidad es que Cenicienta no perdió el tacón,
lo dejó aposta para que se lo pusiera el mejor postor,
y supongo que creyó que yo no merecía tal honor.
Una vez más el cuento acabó en desilusión,
una vez más la princesa me rompió el corazón.

GUERRA SIN FIN

No sé si te echo de menos o te echo de más.
Tu ausencia es como el veneno,
tu compañía me sabe a sal,
lo que antes merecía la pena, hoy solo las genera.
Me muero si te tengo,
y me muero si no te tengo.
Lo que antes me hacía tocar el cielo, hoy me hace perderme en el infierno.
Contigo, las dos caras de una guerra sin fin.
Contigo me queda recordar que Lucifer era un ángel más.
Tú, mi pecado original.
Me rindo,
tú ganas,
no quiero luchar más.

OPORTUNIDAD

—Mi momento favorito del día es cuando anochece, todo se apaga y llega
la calma—.
El mío es cuando amanece, porque la vida te regala una nueva oportunidad.
Y ahí lo entendí, ahí entendí que me iba a enamorar perdidamente de ti.

TU REFLEJO

Lo he intentado,
te prometo que he intentado no pensar en ti.
Te prometo que he intentado mirar a otras,
pero te veo reflejada en sus ojos.

SURCOS, PLIEGUES, CURVAS Y RECTAS

Me han preguntado que cómo soy capaz de escribir lo que escribo.
Me han preguntado que para quién van mis escritos dirigidos.
Bueno, la única respuesta coherente que tengo es que todo esto no tiene que ver conmigo,
Y sí,
tiene mucho que ver contigo.
Podría hablarles de madrugadas sin dormir,
de surcos y pliegues, de curvas y rectas.
De cómo riman tus lunares y mis dedos,
de como intento siempre contarlos y nunca me salen las cuentas.
—Es una pena, porque no me queda más remedio que volver a repetir la suma de tu cuerpo y el mío—.
Podría hablar de sumas y restas, de lo que me das y de lo que te quito.
—Mi amor, tienes terminantemente prohibido volver a ponerte algo que hayas dejado en el suelo—.
Ellos no te conocen, pero si lo hicieran, podrían aprender del infierno y el cielo.
Del bien y el mal,
de lo que nos hacemos cuando cae la noche y todos duermen.
Podría contarles que lo tuyo y lo mío es cuestión de piel y la piel nunca miente.
Que mis manos te conocían mucho antes de poder tocarte.
De lo salvaje de tus gemidos, de lo sutil de tu susurrar.
Podría intentar explicarles que todo esto no tiene que ver conmigo,
porque sí,
porque siempre tiene que ver contigo.

¿Y SI ME QUEDO QUIETA?

Huyo de cosas de las que no se puede escapar.
Huyo de ti y de mí.
—Si es que algún día hubo un tú y un yo escrito todo junto—.
De tu falta de ganas y de mis ganas desmedidas.
De tu falta de interés y de mi atención sostenida.
Huyo de tu luz porque lo oscuro acaba siempre pidiéndome otra
oportunidad y ya sabes que no soy capaz de negarme.
Huyo de sombras que aparecen en forma de recuerdo.
Huyo en incesante movimiento de cosas que ni siquiera se mueven.
Huyo de ti y de mí sabiendo que no me estás persiguiendo.

ME DESVANEZCO

Está pasando,
se desvanece tu recuerdo y desapareces,
está pasando,
junto a él y lejos de ti.
Y yo, desaparezco.
Necesito hacerme a la idea de que no vas a explicarme todo lo que
no he logrado entender.
Necesito hacerme a la idea de que ya habías elegido antes de
poder escogerme a mí. Está pasando,
y yo me desvanezco.

Edén perdido

Por lo que no fue, lo que no es y no será.
Porque no te doy, y tú no me das.
Porque no me atrevo y no te atreves.
Porque es un secreto a gritos contado.
Por un amor puro.
Por nuestro amor furtivo.
Por la manzana y el pecado.
Por los imposibles que se convierten en improbables, cuando tienes fe.
Tú, el edén perdido que se encuentra por casualidad.

Sin futuro

El problema fue que te enseñé las heridas,
me levanté la piel, me mostré vulnerable y tú seguías sin ver nada.
El problema fue que ya no quería vivir una vida a medias.
Contigo he sido la buena,
he sido la mala.
He sido la herida y he sido la bala.
Un amor escondido, un amor descubierto.
Una pasión sesgada.
El problema fue que te quería, pero tú no me mirabas.
Contigo simplemente he sido la que coge las riendas y sabe que se va.
Con un pasado en común, viviendo un presente incierto, pero
sabiendo que, si me quedo a tu lado, no hay futuro.

FRASE 24

Las cosas que no son y no van a ser,
lo que se fue para siempre y no va a volver.

A PESAR DE TODO

Quererte de forma genuina y dándolo todo.
Todo, que no dependa de quien seas, de cuánto tengas ni de cuánto vales.
Dándolo todo, que no es más que lo puesto.
El saber de quereres complicados.
Que se quieren sin tener nada, porque juntos lo tienen todo.
Quererte con gula, con ganas, y a pesar de todo.

LO QUE IMAGINO CONTIGO

La vida es eso que pasa mientras todas las noches imagino una contigo.
Porque lo tengo todo en contra y remar no parece suficiente.
Ya nada lo es,
ni el mar, ni la sal, ni las puestas de sol.
Nada,
nada parece mitigar el dolor de tu ausencia.
Ahora que no sé si te acuerdas de mí,
ahora que mis manos solo sienten desdicha por no volverte a tocar.
Porque ya no será, porque nunca lo fue.
Porque siempre has sido lo bonito de las cosas que no pude tener.

SUEÑOS

Venga, va, ¡coge vuelo!
Ve detrás, te están esperando, son tus sueños.
Lo sé, sé que da mucho miedo,
sé que estás paralizada pensando en la incertidumbre,
en el qué dirán,
en el ¿y si sale mal?
Pero piénsalo, están hechos para ti y tú para ellos.
Venga, va, no lo pienses más.
Sal de ese lugar que hace mucho dejó de ser hogar,
libérate, ¡hazlo ya!
Eres la capitana del barco, experta en navegar mares de incertidumbre.
Eres experta en encontrar tesoros y convertirlos en certezas.
Eres todo aquello que has querido ser siempre y mucho más.
Te va a ir bien, no tengo dudas.
La chica de la sonrisa rota, que con sus pedazos hace del mundo
un sitio mejor.
Venga, va,
¡Coge vuelo! Arriésgate.
¿Qué es lo peor que podría pasar?

FRASE 25

He pasado tanto tiempo buscándote que cuando te he encontrado
me había perdido a mí misma.

El porqué, ni cómo, nunca

El silencio me ha hablado de ti,
me ha contado que no me has buscado, aunque yo me haya
dedicado a dejar mil señales para que encontraras mi camino.
Que de tu boca nunca ha salido un te echo de menos.
Un cuando no estás cerca, te pienso,
ni siquiera un simple hola, ¿cómo estás?
Me ha estado explicando que no podemos saber ni siquiera si
en algún momento de tu día piensas en mí.
Me ha estado contando que tu ausencia y tu falta de interés ya
son una respuesta a todos mis porqués.
Ha dicho algo de que las ausencias duelen, la incertidumbre
mata y que no debería permitirme ser la duda de nadie.
Me ha confesado lo que ya sabía y me negaba a ver.
Que tu silencio es una respuesta, que no me ignoras por
hacerme daño, por jugar o por mil cosas más que he querido
contarme para negar la realidad.
Que tu silencio solo significa que ya no me quieres más y
que no sabemos si alguna vez lo hiciste, si alguna vez lo que
tuvimos sin tenerlo fue tan siquiera real.
Que no fuimos, que no somos, que no seremos.
El porqué ni cómo, nunca.

SÍSTOLE Y DIÁSTOLE

Lo peor del amor es la parte donde se acaba,
donde lo que antes combinaba con todo, ya no pega con nada.
Esa parte donde el corazón ya no late al mismo compás,
donde la sístole y la diástole ya no encajan más.
Es donde las piezas del puzle pasan a ser acertijos difíciles de descifrar.
Lo que antes eran ganas constantes en cualquier lugar, ahora es nos
buscamos en camas separadas.
Lo peor del amor es siempre el punto que ya no viene acompañado
de seguido y viene predispuesto a ser un punto final.

N3

Ni por qué ni cómo, nunca.
Ni será, ni es, ni fue.
Lo bonito de todo aquello que no es.

FRASE 26

Llegó la muerte, y lo sabíamos, mi amor, tenía tus ojos.

PREGUNTAS

Todo el rato me plantean las mismas preguntas.
¿Cómo escribes lo que escribes?
¿Cómo dices lo que dices?
Pero la realidad es que yo no digo nada porque ya está todo dicho.
Porque antes que yo, lo dijo Baudelaire, Lorca, Benedetti, Dickinson.
Que la poesía es la única que puede salvarnos,
que con poesía puedo decirte que la suerte viene y va.
Porque todo depende de si tú decides quedarte cerca o simplemente te
quieres marchar. Que con poesía puedo hablarte de amores que son y de
otros que no fueron y no serán. Puedo contarte que Benedetti dijo que
«La caricia no es la copia de otra caricia lejana, es una versión casi siempre
mejorada».
Y yo quiero hacerte entender que quiero mejorar todas mis caricias en tu piel.

MARCAPASOS

John Hopps creó el marcapasos por casualidad, esa casualidad que le salva la vida hoy en día a mucha gente.
La misma casualidad que me ha hecho encontrarme contigo y que el roce de tu piel contra la mía me produzca ciertas arritmias, un desajuste entre la sístole y la diástole y algún paro brusco del corazón.
Podríamos decir que ha sido casual, que ha sido la vida, que todo tiene que ver con el corazón.
Pero, amor, yo creo que a veces pasan cosas porque tienen que pasar y teniéndote cerca parece que todo cobra sentido y que todo es por alguna razón.

COSTURAS

Dejé de quererte con locura para empezar a quererme sanamente y con cordura.
Dejé de tocar las heridas y conseguí coserme las costuras para no volver a sangrar por el mismo lugar.

FUEGO

Que lo que nos mató no fue la bala, fue ego.

VIDA

La vida, la que hace que mis verdades se conviertan una y otra vez en mentira.
Esa que pasa fugaz.
Tú, ignorante, pensando que siempre vas a ser joven, que eres poseedor
de la verdad. Con el tiempo entenderás que los años saben lo que los días
desconocen,
que las canas dan benevolencia y serenidad.
Porque todos sabemos que lo blanco es blanco y lo negro es negro.
Ahora que eres desconocedor de la gama entera de colores y matices.
De los azules, los verdes, los rojos y los grises.
Tú, joven, ciego y precipitado.
Ella, tranquila y calmada sabiendo que tiene el juego más que ganado.

ESTAR

Como estaba siempre no me echabas en falta nunca,
así que empecé a faltar siempre para que me echaras de menos como nunca.

FRASE 27

Si me dejarás conocerte, entenderías que de cerca siempre gano.

FRASE 28

Llevas tanto tiempo fuera que no sé si me va a matar antes el frío o la soledad.

PREFERENCIAS

Y con el paso del tiempo, lo entendí.
El error de buscar respuestas en quien no quiere contestar preguntas.
El error de esperar de alguien con frío en las manos el calor que necesito.
Y con el paso del tiempo, lo comprendí.
Que sí, que por un segundo pudiste pensar que estarías mejor a mi lado,
pero ya no me conformo con menos de lo que merezco.
Y con el paso del tiempo, lo entendí.
Que no voy a regresar a los sitios de los que me he ido, para encontrar
los motivos por los que me marché.
Que lo tengo claro, si has dudado, no me prefieres.

Lo que callas

No somos lo que dices, somos lo que callas.
No somos lo que has elegido, somos lo que no te atreves a hacer.

Oscuro

Márchate, no se puede querer desde este lugar, lo oscuro lo
inunda todo y no hay sitio para nada más.
Te pediré por favor que te marches porque me da miedo saber
quién eres, saber que en algún momento puedo volver a amar.
Te pediré por favor que te marches porque tengo las manos
rotas y con ellas solo puedo causarte un daño irreparable
—como cuando tocas algo y nunca vuelve a su forma habitual—.
Te haré heridas, te dejaré cicatrices y, si me dejas, nunca vas a
ser capaz de sanar.
Te lo prometo, no es que te quiera hacer daño, es que los
monstruos llevan tanto acompañándome que son parte de mí
o más bien yo soy parte de ellos.
Lo oscuro no permite vislumbrar más allá.
Pero, amor, por un segundo tu luz parecía alumbrar un camino
por el que nunca nadie ha logrado entrar.
Y ahora soy yo y mis monstruos.
Y ahora eres tú, sin mí, pero con alguien más.

Montaña rusa

Me bajé de la montaña rusa, del sube y baja constante que me rodeaba.
Me bajé para intentar dejar de dar vueltas en círculos y conseguir llegar
a algún lugar en donde sí me estuvieran esperando.
Al parar entendí que llevaba demasiado tiempo en el lugar equivocado,
y allí estabas.
Me cogiste indefensa, vulnerable, pequeña, casi insignificante.
Pasé de dar vueltas en círculos, del vaivén del sube y baja, a la carrera
interminable. Al yo lo quiero y tú no te atreves,
al tú lo quieres y yo no me atrevo.
Pasé del ruido del infierno al silencio tortuoso.
Pase de vivirlo todo a no vivir nada.
Al final tú siempre has repartido las cartas y yo jugaba sin ni siquiera
conocer las reglas.
Cómo coño iba a saber que sin ser nada me podría enamorar, y
ahora no sé qué hacer con esta pena que me acompaña desde que
has decidido no estar.

Frase 29

Eres joven y buscas en todos los sitios respuestas, pero con el tiempo
dejarás de hacerlo y por fin lo entenderás.

Chaleco antibalas

Disparas a quemarropa, pero hace mucho tiempo que llevo chaleco
antibalas.

ÍNDICE